AF499489

prise
deparole

Éditions Prise de parole
359-27, rue Larch
Sudbury (Ontario)
Canada P3E 1B7
www.prisedeparole.ca

Nous remercions le gouvernement du Canada, le Conseil des arts du Canada, le Conseil des arts de l'Ontario et la Ville du Grand Sudbury de leur appui financier.

Canada

J'achève mon exil pour un retour tremblant

De la même autrice

Nauetakuan, un silence pour un bruit, roman, Montréal, Éditions XYZ, 2021.

avec Deni Ellis Béchard, *Kuei, je te salue : Conversation sur le racisme*, essai, Montréal, Écosociété, 2021 [2016].

Nanimissuat Île-tonnerre, poésie, Montréal, Mémoire d'encrier, 2018.

Bleuets et abricots, poésie, Montréal, Mémoire d'encrier, 2016.

Manifeste Assi, poésie, Montréal, Mémoire d'encrier, 2014.

NATASHA
KANAPÉ FONTAINE

J'achève mon exil pour un retour tremblant

Poésie

VIVAT
SUDBURY 2022

Œuvre en première de couverture : Rita Letendre, *Mes rêves en mauve*, peinture à l'huile, 2002 ; avec l'autorisation de la succession de Rita Letendre, 2022
Conception de la première de couverture : Olivier Lasser

Édition : denise truax
Infographie et correction d'épreuves : Chloé Leduc-Bélanger

Diffusion au Canada : Dimedia

Catalogage avant publication de Bibliothèque et Archives Canada
Titre : J'achève mon exil pour un retour tremblant / Natasha Kanapé Fontaine.
Autres titres : N'entre pas dans mon âme avec tes chaussures
Noms : Kanapé Fontaine, Natasha, 1991- auteur.
Description : 2e édition. | Mention de collection : Vivat | Poèmes. | Édition originale sous le titre : N'entre pas dans mon âme avec tes chaussures. Montréal, Québec : Mémoire d'encrier, [2012].
Identifiants : Canadiana (livre imprimé) 20220403325 | Canadiana (livre numérique) 20220403333 | ISBN 9782897443719 (couverture souple) | ISBN 9782897443726 (PDF) | ISBN 9782897443733 (EPUB)
Classification : LCC PS8621.A49 N46 2022 | CDD C841/.6—dc23

N'entre pas dans mon âme avec tes chaussures.
Proverbe tzigane

Car je te délivrerai de la terre lointaine,
je délivrerai ta postérité du pays où elle est captive.
Jérémie 30:10

Prologue

Ne fuis rien si tu ne sais où aller exactement.

Un pays, un homme. Tu as aimé. Ils se fracassent ensemble, telles des plaques tectoniques, pour ne former plus qu'une seule et même complainte. Un cantique des cantiques. Une férocité profonde pour enfin mettre le feu à l'histoire, à ta douleur, à vos légendes. À vos peines à tous. Sans celles-ci tu ne voudrais pas être toi. Sans celles-ci tu ne crierais pas au génocide.

Puis tu traverses un fleuve. Béant.

Sans te retourner. L'exil devient un héritage. Le Saint-Laurent s'éteint en rouge les soirs d'équinoxe. Les étés indiens, tu les fuis. Depuis, tu cherches à effacer l'eau, unir tes peuples, chanter des berceuses, ou encore, hurler. Tu dessines des cartes sauvages dans les peintures de ton âme. Tu écris ce que tu n'arrives pas à décrire, assise entre deux mondes, deux rives, deux histoires. Non, tu danses.

Faire entendre la voix des tiens. Avec les autres.
Unir.
Ton chant de paix.

Natasha Kanapé Fontaine

Tends un voile de soleil
au soir tendre

détrempant le possible
ce qui peut être
biographies tissées
en mémoire

le temps à sa perte
katshinassimuna peut-être.

J'ai perdu mon nord. La boussole blanche s'est cassée.
Je marche par tes détours, en attendant de fuir.
Inerties.
Bienvenue dans mon corps fatigué ; affamé d'un monde parallèle. J'ai oublié la formule qui cassait la brume des îles lointaines.
En échange repose-toi en mon pays dévasté.
Je te préparerais la perdrix, si je le pouvais.
Je susurre en oiseau d'été.
Incantation.

Étouffe-moi de lunes en vision d'alors
dans un tableau de Salvador.

Un lit d’automne, j’ai lié nos deux corps
nos peuples en désaccord

entravés
dans le même plaisir.

Petapan kashikat ton ciel se meurt
je m'étends de tout mon long
sur la terre de tes vêpres
ton azur fini de sel
grugé

mon offrande.

Les lièvres se dessinent
une fièvre
vivre naître
jouir mourir
vivre

une fourrure s'étiole
et prend la fuite.

Il faut que tu sois le possible
miam nanim
pour me discerner
m'apercevoir

les steppes arctiques
se mêleront à nos gorges.

Aveuglante humilité
d'un chemin de neige
poignardé de doutes

j'ai cherché ta silhouette brune
l'ombre suave
de ton amour.

La tente s'ouvrait sur une aurore blanche
œuvre immaculée
inédite peut-être
le canot camouflé de sable avait des allures fières

le purifié
il nous conduira demain dans le *nitassinan*

viens.

Sauge dépravée

la peau de babiche
révèle
ce sang
étiré par le bois des cerfs
invisibles

mon grand-père sur les rapides

livrées par orgueil non par famine
je contreviens à la loi des hymnes

mariage fondu
neige et résine.

Je m'enracine
à l'envers
de mes raquettes
nishutina
atiman
l'éther caresse
une dernière glace
pour une dernière danse

heures éclaircies
l'absence est à la tendresse
un bourreau.

Je revois encore
ta figure et tes yeux,
réserves indiennes

le territoire où j'aimais
me taire
enfouir mes doigts transis
parcourir
la souche de tes cheveux longs
mon indompté
mon farouche animal

le territoire où j'aimais
je me terre
tes détours de rivières
mêlés aux miens
mon chantier
mon barrage de ciment fer

conjurer les soupirs
pieds nus.

J'ai couru j'ai cru
t'atteindre au collet

torpeur diffuse
saison lointaine
où je t'ai rejoint
la plaine

mon allure allait
s'élancer aux caribous offerts

rien de coulure aucune
à mes lèvres.

J'attends la brûlure du nerf
achever mon éveil
mon manteau

les feux de l'aube
viendront
briser les vents de ton hiver.

Des soleils
se relèvent
sur le pays de ma naissance

nipimutenan

il y a l'été comme il y a des réserves
entre nous.

Marche rupestre
résine limpide
érigée à la brunante

atimi-tshishikau
décelé entre deux pages blanches

empreinte brusque
la neige s'effondre.

Tshiuetin
perpétré

mon sort
est-il donc
déjà signé ?

Les visions anciennes
mêlent à nos doigts lacés
les baisers du soir

aliénés.

Je fume les murs où je m'écrase
siècles de tabac
tombant en chimères

mon souffle s'asphyxie

s'envole avec
le ciel de lanternes
célestes
agrippées aux présences stellaires

le rythme des voix et du tambour
sur le littoral de douleurs

j'ai oublié l'odeur
du cuir séché

décor d'exode
mon cœur.

Le parfum des brasiers
enlace mon vêtement

incendiaire
matshiteu

il mène à la barre du jour
la brise perdue

immensité ivre
l'hiver fumé

je repars.

Mes os sur un feu traduit

une autre langue
le panache de la proie courante

le canot s'égare
à la suite des anciens rites

sans toi je meurs de faim !

contemple
les cieux du soir
ils sont *assiu-mashinaikan*
fenêtres sur nos délimitations

prends silence à tout jamais
avec moi

la liberté se tait devant

l'immense.

Les bouleaux blancs
grandissent toujours

les fleuves nous emportent
d'un monde à l'autre

sentiers et feuilles mortes
aurores boréales café
pages frontières

perlage blanc
et rouge

ishinakuan
pakushenitamun

la loi avec les Indiens.

Elle devait marcher, continuer la route,
remonter la côte,
la vieillesse rude !

tshuapateti a ? j'ai vu pour toi des loups
courant la berge des nuits craintives
tes angoisses caribous dévorés de fin du monde
les marais de ta tradition
se bousculent alors, illuminés d'aubes nouvelles,
dors
natuta !
upuamun minu-manitu ! nanitam nikamu

tshipetuau a ?
j'ai noyé ma peine
géante solitaire des contes-épouvantes

unaman mutilée,
aujourd'hui.

Nipimuteti
anite minashkuat
ashit tshin

je m'en souviens
ils se levaient
les vents contraires

nous avions connu
le songe debout.

La piste est tracée de terre humide

ton pas
est un homme qui cherche
la grève
tressée de perles blanches

une anguille
brille de miracles

les racines du parcours
ont révélé les lignes
de nos mains
pleines.

Mes hanches

ton bassin éclipsait
un rivage ; je m'étendais
pour ne plus revenir

j'ai hurlé ma famine

arrachée à toi.

Je suis tendue
à tes nerfs

et ma chair
se vide
de ton nom

tes omoplates.

Je suis paisible

il n'y a pas de vent
il n'y en a plus.

Aux perdrix enfuies
des chemins
j'ai créé des pièges

lanières
pour un seul refrain

un seul printemps
pour leurs petits.

Là-bas, au Nord ! s'était-il écrié le ciel
les feuilles volent seules, avant de mourir
un feu
brûlant de l'intérieur
et je me mets à rire
te faire sourire
à l'intérieur
sur la toundra inhabitée
il vente, un cri étouffé
la vie
s'étend dans l'espace
nos existences se croisent
en fil de capteur
je songe
les couleurs des boréales
soir
piqué de montagnes sacrées
fondues dans l'immensité
des subconsciences

tes doigts sur ma peau
mes cheveux
perlés de nacre

pour toi faire entendre une folie bergère
la tendresse est un vent contraire.

J'ai entendu ton cri

tu as écouté
l'affliction d'une écorce tendue

teueikan
nomade de ma terre
cœur solitude

j'ai entendu ton cri

retrace-moi
ou je m'égare

le soleil danse
la nuit.

La lune bifurque
elle a changé le sud de place, elle veut veiller le nord
ni d'est ni d'ouest

tu montes la rivière à contre-courant
tu chasses ton ciel se fend et
fond dans mes bras vides
l'écorce s'écrase et cambriole les messages
pendus au vent

les bouleaux se sont faits immenses
des ombres sur les murs de ma demeure
quand elle ne l'est pas
l'hiver talonne la cour des miracles
je raconte des bibles en écrivant les plumes écroulées,
le sable du balcon

ton rêve se termine où mon corps commence
j'entame le clair de tes feuillages figés.

Un collier fragile
un théâtre vide

où le jeu s'évade frappant son tambour de gloire
avide

cesse de battre, pour reprendre vie

tu étends mes lanières sur ton lit frêle
pour dire que mes sécheresses, je n'en retirerai rien
qu'une montagne véritable amère

à la mer mon encre givre et le reste de mes aigles !

libre éventée inventée *nipuamunit* sont crevés d'océans

ramé des milles pour arriver à ton île
Avalon tendre tendre tendre
mes brumes enfuies sur tes bras blancs

une parole floue et je m'enivre
et expire.

Première lueur
je ne sais pas
où je m'en vais
le soleil se tient droit
sur la mer

les iris
brûlés de lumière
je m'enivre
d'insouciance.

Trop longtemps
j'ai porté mon canot
en des forêts citadines
mon pays m'appelle
mon pays me revient
j'achève mon exil
pour un retour
tremblant.

Dans le matin blanc
où janvier se relève
les souffles de l'Arctique laurentien
entourent la maison comme en tempête
les sœurs brises
illuminent les siècles souvenances

le large aveuglé

Pessamit.

À Mushum

Tu abrites sous ta terre
un amoncellement de rides
sous ta tente
et ta cabane
élève un vide enseveli
tu acquiers alors la vie qui s'opère
qui renaît de tes cendres
mémoires éthérées
en convalescence.

Tes rides de portages et de courroies
en confession
les os d'aiguilles et les lames de tannage
se racontent des légendes
tu t'agenouilles
les rêves et les espoirs en été sont en tissage
motifs millénaires qui nous arborent
tu manques à la sagesse des réalités sauvages.

Cuir gratifié
entailles béantes
vieillesse opprimée dans le temps linéaire
sous le clair
ma course
s'oppose à ton repère

retrouve-moi !

où es-tu ?
je suis pour toi *petapan*
du pays où je me perds
makanakau

tu t'es fait gardien
de nos vestiges
nutshimit
manque à mes yeux !

maiashtan
ton canot vide
s'évapore

tu m'attends
je ne reviendrai pas.

Les chasseurs invisibles
t'ont finalement emporté
avec les vents du nord

te voici signataire des cartes sauvages

Kesseu sans sentinelle
le jour des derniers feux

tu habitais ses pistes et ses torrents frêles
fils des saisons perpétuelles
tu pars avec les canots de tes grands-pères

tes frères
t'attendaient l'autre côté
ces rives infranchissables

et du sud, je te souviens

Lhasa chante et m'ouvre les fenêtres
mon âme danse
avec la tienne
là où se creuse
l'absence

un soupir
à peine audible
tu veilles les mondes parallèles.

Je sais,
c'était toi

la quiétude
parmi les mots griffonnés
pour toi
nimushum

il n'y a pas de termes
pour implorer le pardon

ta langue est humaine
elle n'est d'aucune rancune

ma complainte est une terre
son peuple effacé.

À Kukum

La cigarette persistait entre ton index et ton majeur
comme tant d'autres auparavant
tes poumons s'évaporent
quand tu brodais tes mocassins c'étaient
des souvenirs sur ma peau,
où sont mes cartes postales ? je les ai éparpillées

j'aimerais parfois que tu reviennes et me révèles
ces récits qui ne se racontent pas

histoires oubliées, ou simplement mises de côté –
ce qu'on ne dit pas

les enfants ne sont pas encore nés mais je leur dirai
tu as vécu

ils sauront que l'on a existé avant eux
et que d'autres existeront après

tout est un cercle.

Ornières de cuir
accrochées au plafond

entre sous le toit des femmes
où l'on fabrique
chaussures d'Indien

upessamu

les poupées brunes
immobiles
patientes comme des couturières
aux tresses franches

l'esprit du gibier
se parfume de peaux à vendre

l'entrée s'ouvre
sur le soleil d'un mois d'été.

Ta maison me réfugie
« une gosse mal nourrie »

je revois ton passage
le sentier dans le boisé
qui te menait sur Ashini

il revenait en bicyclette
il t'a longtemps aimée
tu sais
jusqu'à la toute fin
de ses jours à lui

je couds encore
à ta manière
un fil nomade

un attachement sédentaire.

La fatigue de tes genoux
est la sagesse pour les miens
ton ventre est vide quand je suis pleine
quand ton visage ridé de pistes
ne regarde plus que la lumière
sous tes paupières
ton couteau ne se tarde plus
que sur la douceur de tes paumes

il ne sait plus trancher.

Le feutre mocassin porte
un cheveu de lumière
dernier copeau
kukum et sa petite-fille
prisme de couleurs fibrilles

le cuir du soulier artisan s'amasse
dans un sac noir de secrets de famille

ruines

je cherche quelques mots
d'*innu-aimun*
sous ma langue

je suis de la ville.

Y a-t-il personne
pour percevoir le cri du tambour ?

j'ai peur
des tremblements du monde
je me terre
dans les bras de *minashkuat*
comme au temps
de mon innocence

jouer sous les branches
silence
meshkanat

les bouleaux géants
où mon enfance
a contemplé *Kukum*
et les printemps
de la rue Kesseu.

Medecine man
marqué
d'une trace de chasseur qui t'a lui-même

élevé à un nomadisme arraché

tu as appris le castor tu es le frère du caribou
tu as appris le tannage fier
des derniers vestiges territoriaux

tu regardes encore dehors tu ne vois plus
qu'une rue repentante
penchée à son fleuve affublé de rides palpables
enfants baignés d'innocence
plages dévorées de bois blanc sans écorce
aux coquilles spirituelles répandues à tes soleils
et tes astres les camps de la maisonnée
sont les survivants

nos récits pensionnaires.

La croix des chapelets
de nos grands-mères
entonne une dernière danse

le 15 août de chaque année.

Tourbillonne, tourbillonne
fumée s'évaporant
de ma gorge
à la goutte tombée
à l'étoile esseulée
au-dessus de Québec.

Les cercles respirent l'air nous opprime
les attrapeurs trappeurs de cauchemars
ont fabriqué des cimes fainéantes

les esprits animaux ont couché les soleils à la gorge et

ils sont revenus avec nos
rêves de perfection

la berge nous a redonné les périssoires.

Poser ma tête sur tes genoux
libérer les rivières
leurs étreintes
fuir enfin parallèle et couronnée
tendresse émancipée
perdue
éperdue éternelle pareille toujours

affamée de tes lunes de jour

disparus les songes des capteurs
me revenir te retenir nous tenir
droit encore loin devant
souvenance perlée de plages infaillibles

tu as pour moi l'épouvante des loups
les chaleurs des étés vains
les forêts mordantes de sourds
nos adieux sans demain

sans secours
poser ma tête sur tes genoux.

Au nord des famines
les troupeaux se givrent
et expirent
à la fin
qui s'éternise

en mon sens
plus rien de vain

l'effleurement des battures
est une brume
intemporelle

mon amour.

Tout est un cercle
tout est un cercle en achevant les pages
de l'histoire pour la repeindre
retranscrire les légendes traditionnelles

à la toundra brunante tu respires le pain de
tes chasses encourues lointaines
ton feu est une étoile parmi tant d'autres
la masse est lactée
une toile s'effile alors aux plafonds de tes orbites
tes recherches brouillent les pistes

cesse de briser mes érosions à tes bateaux
laisse-moi finir !
mon sentier a encore des pas à franchir
mon étranger sur ma terre !

fais ce qui te plaît tant que vivent mes frères
je lirai leurs omoplates les dessinerai parallèles
décèlerai la voix de nos pères les routes bloquées !
alarmés sans boussole
mal armés.

Tu es un ciel d'aurores inégales
nostalgies languissantes, mes injures
plages d'hiver glacées désert d'amertume

la plaine tes appels mes heures écorchées
d'augures
j'enterre, va ! Mon sort en est frappé, tendu,
asséché
à mes peaux résonnantes
cordes de nos bagages assourdis
les cercles de bois sont acidifiés de troupeaux
dévorés.

Viens fondre l'azur à nos allégresses brisées
qu'elles revivent d'un feu jamais vu, jamais vécu
viens chanter les canopées salvatrices
guérir expirer nouvelle existence rosée
de tes cendres s'envoler deux fois mieux
les cités enchantées écouteront les battements
de nos ailes accordées.

Tes dents lacèrent mes vertèbres
tes yeux s'embrouillent de cèdre
notre lit de feuilles mortes se laboure nos chasses
épurées de ton cidre
je voudrais déjà m'enfuir
tes murs m'entourent
c'est d'air pur dont je devrais vivre

mes veines gonflées d'effluves
ton désir invitant mon esprit à s'éteindre
à fermer les yeux
et tu m'exhortes à t'étreindre

je brûlais de tes tendresses vives mes cendres.

Mashk^{u}
dort encore

tu es un ciel flou d'images opales
tu es mon tendre visage pâle
ma prise et mon miracle sale
le piège où je m'éprends

l'air ancestral

tu me respires
redonne-moi mon livre.

Voir sans regarder,
regarder sans voir,
tu as les mains pleines d'histoires.

Tu rimes d'horloges qui manquent à ton azur
tu écris plages et archipels
sur ma peau pâle d'Indienne,
ô amant de mes eaux douces tremblantes
rivières crevées finies, naufrages d'hiver

tes regards sont vert printemps forêts feuillues
univers plus vieux
tu amènes à mes terres noires souffles forts,
brises d'été salé, chaleurs de gloire
tu aimes tes doigts glisser mon émoi tes lèvres
entrouvertes

territoire sans limites
établies habitons ensemble notre mélancolie
cassée en oublié désiré refoulé

échaudé de tisanes malades
anéanti.

La chambre me berce

lueur blanche et perles de nacre
toi ton corps
écorce parallèle à l'aurore

« l'île des morts »
où j'échoue

je m'éprends

nouveau voyage
nouveau monde
vers un autre naufrage
tendre

la brunante de Sept-Îles
déterrait un exil
barricadé

derrière mes revendications.

Les étreintes claires
larmoiement sur la vitre
à la famine des hivers
avril s'en ternit mine de rien
je t'ai eu froid

tes yeux pluies de verre d'encre,
les routes rouées de jours,
les sommeils somnifères pour aberrer les détours

l'impuissance vautrée la rancœur à l'usure
garde les matins blancs où je te fais l'azur.

Je reviendrai alors là je serai en exil là-bas
même avec les branches de sapin et les rues chiennes
même avec les rires mille ans et les alcooliques toujours
même avec les ciels piqués de dents en bois d'ébène
même avec les amies qu'on reconnaît une saison juste
et repartent celle d'après

et le royaume avec le songe que font les Esprits le soir.

Postface

Parcourir à nouveau ces poèmes me ramène à mes dix-neuf ans, alors que je revenais dans ma communauté, et ce, pour m'y installer pour un an. Ces premiers textes ont été écrits peu de temps après, à Rimouski. J'étais alors aux études en arts visuels et je rêvais plutôt de devenir peintre. Pourtant, ces poèmes sont devenus le fondement de tout un changement de cap dans ma vie, d'une tout autre aventure que celle que je m'attendais de vivre.

C'était en 2010, une année charnière pour la jeune Innushkuess en recherche que j'étais. À l'époque, suite à mes allers et retours à Pessamit, j'étais convaincue que je n'appartiendrais jamais totalement à ma communauté simplement parce que je croyais que, puisque j'avais passé une grande partie de ma vie hors de mon village – le choix de mes parents, pourtant tous deux de Pessamit –, je ne serais jamais totalement une Innushkuess. Alors, forcément, fortement influencée par la société québécoise, j'étais certaine que j'étais plus mélangée culturellement que je ne pouvais l'imaginer.

Le temps, les luttes et les rencontres avec des militantes innu et autochtones d'ici et d'ailleurs dans le monde m'ont montré à quel point, finalement, je n'ai pas été réellement « blanchie » ; au contraire, j'ai simplement passé beaucoup de temps loin de ma culture innu et de ma langue innu. Il me fallait alors « achever mon exil » ; je le réaliserais de différentes façons, notamment au travers des arts.

En retrouvant ces poèmes aujourd'hui, écrits alors que je me pensais plus québécoise qu'autre chose, loin de ma culture et des connaissances de mon peuple, je vois très bien dans ces lignes que j'ai toujours été plus profondément innu que je ne l'ai imaginé. Toutes ces politiques d'assimilation qui ont eu cours sur ces terres, eh bien, aucune d'entre elles n'a réussi à réellement nous enlever notre âme. Mon âme.

Ainsi, j'achève mon exil.

Célébrer ces dix ans de poésie depuis *N'entre pas dans mon âme avec tes chaussures*, mon premier recueil, me donne l'occasion de faire le bilan de toutes ces années. Je me souviens que je n'avais aucune ambition à la sortie du livre, autre que celle d'être comme Joséphine Bacon et Naomi Fontaine : lire des poèmes ici et là, parcourant entre autres les salons du livre du Québec. Je ne croyais pas qu'autre chose puisse être possible – comme voir le monde ! – que de faire simplement ce que j'avais envie de faire à ce moment-là, c'est-à-dire écrire des poèmes. J'étais aussi très certaine qu'un petit recueil de poèmes allait vite tomber dans l'oubli, que j'allais continuer ma route sans plus, cherchant tout simplement une autre voie pour survivre, puisque la grève étudiante de 2012 – que je percevais à l'époque comme une lutte « des blancs » qui ne me concernait pas – m'avait fait abandonner ma quatrième et dernière session au cégep. Le temps de travailler sur ce livre. *N'entre pas dans mon âme avec tes chaussures* a été publié en octobre 2012. J'avais vingt et un ans.

Aujourd'hui, à trente et un ans, je suis reconnaissante pour la chance que j'ai de pouvoir vivre de ce qui me passionne, qui me porte toujours encore plus loin. J'écris ces lignes depuis la ville de Mexico, et même si la pandémie a été un événement fort déstabilisant dans tous les sens possibles, je suis heureuse de recommencer à voyager, à revoir le monde et à l'observer à partir de différents lieux sur la planète. De pouvoir observer où nous en sommes toustes depuis les débuts du mouvement autochtone pancanadien Idle No More et, surtout, d'être témoin des différentes luttes autochtones à travers le monde. Tout ça, c'est ce que la poésie m'a donné.

Pour célébrer ce petit recueil qui a été pour moi le premier jalon de tant d'expériences de toutes sortes qui m'ont beaucoup appris, j'ai souhaité le rééditer et, du même souffle, changer son titre original.

Lors de la remise du manuscrit final au début de l'année 2012, le proverbe tzigane *N'entre pas dans mon âme avec tes chaussures* ne devait être que l'exergue du livre. Il a été proposé à l'époque qu'il devienne le titre du recueil, chose à laquelle j'acquiesçai après quelque temps de réflexion. Seulement, la même année, un roman de fiction était publié en France sous le même titre ; ce roman racontait l'histoire de familles tziganes, et le proverbe en soi est très connu dans les milieux tziganes ainsi qu'auprès de leurs alliés en Europe. Quand cela est venu à ma connaissance, environ une année plus tard, j'ai ressenti longtemps un malaise à ce propos. Je suis, en Amérique, constamment dépossédée de mon histoire, de ma culture, de ma littérature, de mes philosophies : à une époque où le processus de réappropriation culturelle est le phare des renaissances culturelles, je préférais alors déposer à nouveau ce proverbe au tout début du recueil, le retirer de la page couverture, dans le respect profond que je porte aux peuples tziganes. Nous, Autochtones de l'Île de la Tortue, partageons avec ces peuples un sentiment de dépossession constante, conséquence des actions des cultures occidentales qui ne prennent pas en compte, finalement, notre liberté d'être et de vivre sur ces territoires que nous aimons tant.

J'ai donc, dès mes premières conversations avec Prise de parole, exprimé ma volonté de changer le titre. La réédition était aussi l'occasion de revoir les poèmes du recueil, de les relire, de méditer à nouveau leur sens – tout en me mettant à la recherche d'une nouvelle appellation. Dans un des poèmes les plus significatifs pour moi à ce jour, j'ai trouvé ces vers qui expriment finalement toute la vérité du recueil, qui était un recueil sur mon retour chez moi, à Pessamit :

j'achève mon exil
pour un retour
tremblant.

L'exil parce que même si j'habite dans un pays qui m'a vue naître et que mon peuple y est présent depuis des milliers d'années, le colonialisme est tel que j'ai été étrangère à ma propre culture et à mon propre peuple ; et de ce fait, à moi-même. En grandissant en dehors de mon village natal, j'ai compris qu'on voulait me protéger de lui : par amour, on a voulu me soustraire aux conséquences de la *Loi sur les Indiens* sur nos vies pour que je puisse m'épanouir dans la société québécoise sans avoir plus d'embûches sur ma route. Je me suis retrouvée dans l'innocence et l'ignorance. Et le retour tremblant marque le moment où je suis retournée à ma communauté ; j'étais affamée de savoirs, affamée de vivre parmi les miens, de reconnaître les visages des gens que j'ai aimés. Tremblant, en référence au *kushapatshikan*, la tente tremblante. Remplie de rêves, à la recherche de visions d'avenir. Le retour tremblant aux cérémonies, aux rites ancestraux, à la philosophie des ancêtres. C'est la route que ce premier recueil m'a permis de faire depuis le premier jour. C'est la route que je continue de suivre, aujourd'hui. Reprendre ce qui nous appartient.

Pour commencer en douceur un nouveau cycle de ma vie littéraire, et pour célébrer mes dix années en tant que poète, ce nouveau titre ne peut être plus fort de sens qu'il l'est aujourd'hui, et surtout, pour l'avenir.

Natasha Kanapé Fontaine
Juillet 2022

sans explosions cette ville n'existerait pas

Robert Dickson

www.ingramcontent.com/pod-product-compliance
Ingram Content Group UK Ltd.
Pitfield, Milton Keynes, MK11 3LW, UK
UKHW021933190726
13853UKWH00004B/1406

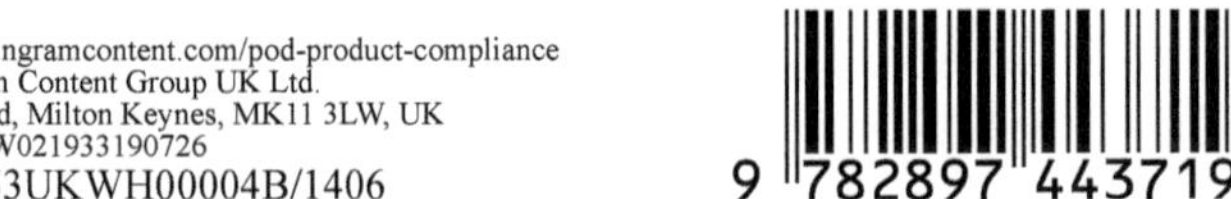

9 782897 443719